Et j'entendis le chant de mon âme

par Laura River

A l'envers du ciel

D'avant ou d'après, de demain ou d'hier, du passé ou du devenir,

Quel est l'âtre du souvenir, quel est le berceau du mourir,

Je ne vois que l'éclair limpide s'évanouir,

Je ne vois que le secret de ces marches, les latitudes de ces mondes fantômes frémir,

J'ai rêvé de cette vie comme des mirages animés,

J'ai confondu dans la fusion de l'instant l'illusion et le soleil étrange de la réalité,

Devant ces spectres de pierre que rien n'ébranle, face aux dieux des paradis assassinés,

J'ai pris conscience des colonnes de brume et des vallées de brouillard des fleuves exilés,

Mais j'ai su que l'osmose universelle était si grande,

J'ai senti que l'âme comme un flambeau de lumière exhalait l'odeur de ta lavande,

Je me pardonne comme à vous j'ai pardonnés,

Dans la clarté de mes larmes j'ai éclairé la nuit de nos âmes et les bienveillances insoupçonnées,

Si rien n'était grave et que l'ombre soit de nos souffles l'inspiration,

Comme les constellations les prémices de l'inextinguible fusion,

Devine comme l'astral dans son faisceau infini te devine,

Les danses électrisantes, les cadences d'ivresse, et les rotations célestes au fond des fosses divines,

Ou que mon être glisse, mon âme se roule,

Dans le néant des foules et dans la nuit des houles,

Pour qu'enfin la voie céleste des plus grands malentendus découle,

Qu'irradie l'ivoire du sourire divin, que l'instinct retrouve la voie des ères qui s'écroulent,

Je suis si lasse de dégager les nues de tes sentiers,

Moi qui aux palissades de feu me suis brûlée les mains,

Pourquoi ne veulent-ils pas voir la trop grande félicité,

Moi qui ai traversé l'océan des veuves inconsolables du jour prochain,

Seigneur, sais-tu qui connaît l'immense réalité de tes desseins,

Seigneur comprends-tu le désespoir des anges égarés de leur grandiose chemin,

Je suis une étincelle de ton rayon, je suis l'ange conduit à l'échafaud,

Malgré la potence, me promets tu de me révéler ce qui à l'envers de nos vies était vraiment beau ?

Au delà

Qu'existe-t-il au delà du ciel et des nuages,

Au delà des astres et des planètes sans visages,

Au delà de la nuit de l'immense univers,

Devons-nous chercher plus loin l'ombre du
commencement ou regarder au travers,

Et si l'espace n'était qu'illusion,

La densité recréée pour nous accompagner
vers la perfection,

Le véritable voyage est-il celui de l'âme,

Loin de toute distance et de toute création
profane,

Au lieu d'explorer les orbites asséchées et les
immensités impalpables,

Pénétrons au travers des forets de nos âmes,

C'est ici que s'écrit le souvenir que rien
n'entame,

Et que s'enfoncent les étendues insondables,

Les nouvelles ères ne s'inscrivent pas dans

l'espace,

Mais dans l'essence éternelle invisible à notre race,

Nous sommes tous les portes de l'autre monde,

Les flambeaux du divin ou commence et s'achève la parole féconde,

Sous nos corps s'étirent les plumes de nos âmes,

Dans le soulèvement d'une seule et même aile,

Essence d'un seul cœur et d'un seul ciel,

Cerceau de lumière et de chaleur dansant comme une flamme,

Nos mots d'hommes ne peuvent définir ce qui n'est de notre règne,

Seulement esquisser notre nature profonde que nos sens comprennent,

Au bout des ascensions mystérieuses hors des temps, hors des lieux,

Nous retrouvons sous les masques éphémères l'extrait précieux,

Ce que nous sommes au delà des incarnations,

Au delà de nos vies terrestres, au delà des constellations,

Comme on remonte à la surface, comme une élévation,

Comme si d'une créature naissait l'infini horizon.

Ballet nocturne

Dans les ombres ou tu tends le bras, qui te prend la main,

Qui allégera notre dos du versant humain,

Ma pensée se promène, ma pensée est libre et mienne,

Est-ce le seul don que je possède, comme le secret des magiciennes,

Je dévale les vallées des apostrophées voluptés, grisée des étendues inachevées,

Et peu m'importe que tu comprennes les strophes célestes par les vents balayées,

Je cours seule et nue sur les traces d'un autre levant,

Et je vais comme l'enfant ivre de chants toucher du doigt la brûlure du firmament,

Te caches-tu dans les forets de l'univers,

Ou tout poétise l'aventure,

Ou au creux des antres millénaires,

Ou s'exhale un mystérieux murmure,

Si des cieux tu es le souffle et l'exilé,

Si tu plonges comme l'oiseau dans la seconde
d'éternité,

Tu es seigneur sur ton trône et le regard
aveuglant de leurs icônes,

Au bout des orgies de la nuit seras-tu flore,
seras-tu faune,

Tu es le savant mélange de l'instinct fauve qui
dérange,

Un jour le sage déchire l'espace de sa parole
envoûtante,

L'autre la lune fait des transes nocturnes le
langage divaguant de la conscience
clairvoyante,

Et les étoiles rallument le faisceau de leur
étincelle comme l'auréole des anges,

Les rivières sortent de leur lit quand les
vivants sont endormis,

Le monde végétal, le monde animal se ranime
à la vie,

Et l'âme des mourants vient frôler les ombres
de la nuit,

Et nos êtres sont libres, nos êtres se grisent de

ce que dissimule l'infini,

Comme on vogue au delà des airs, plus loin
que les galaxies,

Imagine, redessine les reflets indéchiffrables
des déluges de nos vies,

Sois ton propre enchanteur, sois ton propre
conteur des fables de l'immensité,

N'attends pas le couchant de ton souffle pour
vivre enfin ce qui était vrai.

Chrysalide

Combien de plafonds aveuglent tes rétines,

Toi qui marches comme si de rien n'était,

Préférant la monotonie de ta fable à l'étrange
réalité,

Des profondeurs bleutées ou les anges
s'inclinent,

Les œillères humaines s'effacent au seuil des
mouvances étoilées,

Autant que les lignes achevées et les dieux
incarnés,

Les contours de nos cités sont les gouffres de
nos sens,

L'asphyxie de l'esprit épris des folles errances,

Comment limiter nos songes à ce que nous
savons voir,

Ignorer les nues et leurs forteresses d'ivoire,

La mémoire du silence et les visions glissant
dans nuit,

L'écharpe du vent s'enroulant autour des
galaxies,

Ne vois-tu pas les ombres te répondre,

Redessiner dans ta prunelle les ciels sans nombre,

Quand tes pas te guident sur les traces de tes ailes,

Au milieu de nulle part et pourtant vers les rives éternelles,

L'instinct englouti dans les océans de nos âmes,

Se réveille soudain et efface nos rames,

Plus fort que la raison et que les logiques illusoires,

Comme la transe qui ramène à dieu les égarés de l'histoire,

Quand l'espace t'aimante et t'élève dans l'évidence retrouvée,

Que ressurgit le sentiment frémissant de l'éternelle pureté,

Comprends-tu enfin que ton rêve était vrai,

Comme la passerelle qui t'unit aux landes inviolées,

Tu es le papillon qui sort de sa chrysalide,

Et rejoint les cieux dans la joie des heures limpides,

L'univers qui nous entoure n'est-t-il donc pas la trace de dieu,

La vérité palpable, la réalité suprême superbement ignorée de nos yeux.

Clarté

Quelle est cette clarté qui me poursuit depuis
l'aurore,

Cette innocence prisonnière de l'enfant qui
dort,

Du haut de ces passerelles entre le souvenir et
l'oubli,

Je comprends enfin le sens des esquisses
balayées par la pluie,

Elle m'insuffle la mémoire de ces espaces
clairsemés des puretés inassouvies,

Elle m'imagine des plaines aussitôt évanouies
au seuil des plus profondes léthargies,

Elle seule connaît le secret de ces transes qui
me ramèneront à elle,

Elle seule connaît les sortilèges de ces danses
qui m'appellent,

Elle ne veut pas que je la devine, elle ne veut
pas que je la frôle de ma main tremblante,

Elle veut que j'illumine ma vie à sa lueur
vacillante,

Que je poursuive son ombre sans pouvoir la

dire,

Comme la vie sans cesse renouvelée du souffle
du zéphyr,

Vos routes ne vous mèneront jamais aux
chemins de lumière,

Nulle église ne vous purifiera de la brise de sa
prière,

Elle seule vous lavera de sa sève,

Elle seule vous protégera des blessures de
leurs glaives,

Je sens son invisible présence, je l'entends me
murmurer d'ineffables romances,

Étincelle qui vibre au diapason de l'univers,
souvenir embué de la vérité première,

Comme toi je me sens voler d'âme en âme, de
rose en rose dans ces pays d'aujourd'hui
comme d'hier,

Comme si ces mille partances m'offraient
chaque fois une dernière chance,

Un jour les flots de cet unique et majestueux
océan,

S'élèveront de nos corps et uniront ses écumes à l'aube du firmament,

Ce temps où il n'y aura plus de levant et encore moins de couchant,

Juste ce serpent de lumière qui enlacera l'espace et éclairera les cieux de ses yeux de diamants,

Ne sommes-nous pas un jour les embruns de la mer,

Puis l'autre les vagabonds de la voie lactée,

L'espace d'un instant, les dieux impuissants de la terre,

Mais pour toujours les vassaux de l'éternelle immensité.

Cosmos

Qu'est la matière face à l'espace infini qui
l'entoure,

C'est la poussière qui glisse dans les cieux
soumise à des lois qui ne nous étonnent,

C'est aux royaumes invisibles la préhistoire, la
caverne des hommes,

Ou échouent et se traînent les naufragés du
jour,

Si à nos yeux les mers sont grandes et
profondes comme la nuit,

Quelles mémoires et quelles Atlantides se
cachent dans les eaux du cosmos endormi,

Peux-tu mesurer aux pieds de quel arbre nous
sommes engloutis,

Les clés des royaumes ne se trouvent pas dans
nos sciences mais dans notre amnésie,

Fais confiance aux passeurs de parole ou
écoute le soupir du silence,

Émerveille-toi des parures de nos vies et
décuple tes sens,

Regarde l'immense vide qui nous berce du flot

de ses nuages,

Ressens l'abîme sans fond ou se noient
l'horizon et la pluie de nos âges,

Nous avons rompu les amarres solaires pour
nous éclairer à la bougie,

Nous avons voulu posséder le frisson
éphémère et bâillonner la nuit,

Combien de murs élèverons-nous pour nous
voiler la face,

Combien d'empires de vent et de plafonds de
glace,

Nous nous sommes pris au piège de croire en
cette réalité,

Inversant peu à peu les rythmes de l'éternité,

Nous rampons à coté de nos gloires révélées,

A des années lumière des consciences
éveillées,

Ce que tu nommes Dieu n'est qu'un visage
brouillé par la brume,

Que l'on prie comme on implorerait un
surhomme,

Mais au-delà des lunes combien d'autres créatures côtoient les hommes,

Toutes sœurs et multiples dans l'essence à jamais une,

Je ne sais ce que nous sommes ni ce que renferme cet océan translucide,

Mais nous ne sommes des hommes, que les véhicules du fluide,

Nous devons émergés des eaux de l'oubli et nous dépouiller de nos œillères,

Sentir grandir dans nos âmes l'extase des unions d'hier.

Courant

Dans le frémissement des forets de l'univers,

Les filaments des comètes semblent tisser la
toile des saisons sans hiver,

Ou roulera la pierre de ta trop grande prière,

Et toi mon bel ange, qui te jettera à terre,

Sous les avalanches des étoiles,

La nuit se gonflera de voiles,

Sous le déluge de tes pétales,

Mes os se videront de leur moelle,

Et pour les inspirés viendra le temps de
l'émergence,

Et les fleuves de mouvance,

Les mots emporteront ma main écrire sur les
temples de roses,

Ma pensée viendra se fondre à ta prose,

Tout nous emmène vers la mystérieuse
vibrance,

Et nous enveloppe de la fumée de nos absences,

Ou s'en va la nuit, ou s'en va le jour,

D'où naissent la pluie et le courant des océans sans contour,

Comme j'aime cette brume qui m'entoure,

La vague de la perception, et l'intuition du parcours,

Ou les mondes se balancent dans les rythmes lents des vies hors du temps,

Ou l'esprit indigène retrouve les profonds martellements,

Quand de nos psychés modelées par la nuit,

L'océan inonde les chairs mortes et ressuscite les soleils déconstruits,

L'évidence maîtresse du sens lentement renaît à la vie,

Dans chacune de tes métamorphoses, dans chaque cité d'infini,

Ils sont d'ici mais voient-ils le rayon de leur âme enfui,

Ne le cherche pas au ciel, pas a terre ni au fond des galaxies,

C'est le souffle des nuées et la transparence de leurs vies,

Le chant de l'oubli perdu dans les vents du néant englouti.

Créature

Étrange créature qui ignore les versets du
silence,

Et modèle l'espace à l'image de ses sciences,

Comment peux-tu donner un nom et prêter un
visage à ce qui est hors de ta portée,

Toi le naufragé des oasis incarnées,

Tu ne sais rien des vertiges qui t'entourent au
bord de l'immensité,

Tes yeux d'homme ne te dévoileront jamais les
invisibles densités,

Déchire le cosmos du feu de tes lois,

Mais que verras-tu si ce n'est le désert de ta
foi,

Les planètes seront vides à tes yeux aveuglés,

Et hostiles à toute vie selon ta pensée humaine,

Mais que peux-tu percevoir toi dont les sens
sont tronqués,

Et la pensée limitée par tes chênes,

Avant d'explorer la nuit qui t'enflamme,

Traverse les brouillards de ton âme,

Tourne les clés qui te mèneront aux champs de lumière,

Nulle part et partout juste sous le voile de ta paupière,

Hors de nos lois sens-tu les ailes de ta prière,

La paix de ce règne qui traverse toute chose et tout l'univers,

Cette dimension supérieure sans écluse et sans fin,

Est-ce cet océan transparent qui nous unit à l'un,

Je cherche et je m'étonne du géant secret,

Je veux palper les pépites au fond des lacs argentés,

M'extasier de tant de mystères, illuminer mon chemin des flambeaux de l'orient,

Lire mon âme à la lumière des astres et des miroirs du temps,

Sous l'écorce de nos chairs nos sèves

frissonnent de notre endormissement,

Ne devons-nous pas comprendre notre essence
de notre simple vue,

Laisser grandir la confiance en ces visions
reconnues,

Pour mieux laisser perler dans nos cœurs les
éternels chatoiements.

Danse d'éther

Étoile des mers,
Aux terres, étrangère,
Aux branches d'éther,
Frisson des dérives millénaires,

Tu n'as pas de forme,
Et pour eux l'odeur du chloroforme,
Mirage ineffable,
Aux contours impalpables,

Évanouissement vital qui m'inspire,
Les glissements qui jamais ne finissent,
Les silences des lentes catharsis,
Et les visions de ton éclipse,

Je plonge dans la nuit éternelle,
Dans le vas et viens des marées de soleil,
Offerte à tous les courants,
Et aux passions de mille ans,

De cycle en cycle, et d'ère en ère, déportée par les vertiges de lumière,

Je m'abandonne,

Aux démences du cyclone,

Et aux surfaces éphémères,

Je bois la tasse,

Et pourtant jamais je ne m'efface,

Des immenses desseins,

Des danses sans assassin,

Je sens en moi la profondeur des airs,

L'infinité de l'univers,

M'éclabousser des encres sans couleur,

Des libertés des mondes, disparus de nos cœurs.

Éclore

Qui dort au fond des coussins des brumes et qui s'en relève,

Qui au plus profond des nuits attrape le baiser d'Eve,

Connais-tu l'endroit ou tout s'achève,

Ou l'espace est aussi grand que la vie fut brève,

Parfois je rêve à ces bois parcourus de lueurs étranges,

Comme l'esprit se sent traversé par les voix des anges,

Ces visions sont-elles miennes ou le mirage de l'entière humanité,

Les ruisseaux mêlés des âmes ou versent les pleurs de la lune argentée,

Nous sommes tes voiles de brume qui dansent à l'unisson,

Nous savons les mystères de ton langage et les

amours égarés dans les buissons,

Nous voguons sur tes mers, nous planons dans tes immortelles fusions,

Nous sommes l'étincelle jamais éteinte, la rosée de la dernière destination,

A chaque aube tu renouvelles le soleil de miel et les grâces éternelles,

Sous nos paupières les voies mystiques s'ouvrent à nos âmes comme de voluptueux tunnels,

Et nos veines nous guident comme des fleuves vers l'ultime appel,

Et des coffrets des lunes débordent les finitudes existentielles,

C'est la nuit de nos âmes que l'enclos de ces cités asphyxiantes,

C'est du profond sommeil que renaît notre étoile miroitante,

Qui croit savoir, comment vous voir vous les fantômes de nos mondes illusoires,

Et vos marches, vos verbes et vos pensées me bercent de leur danse hallucinatoire,

Que dire que le silence, que vouloir que les rivages des îles en mouvance,

Des serpents ondulants glissent au plafond de nos vies enlaçant langoureusement le coup de tes paradis,

De si haut comme les comptoirs des galaxies, comme nos royaumes semblent petits,

Jouets de faïence, princes de toutes les offenses et des terriennes latences,

Ou courir encore quand le temps sera mort,

Ou espérer revoir ton visage dans la vapeur des ports,

Dois-je donc attendre la dernière aurore,

Dois-je donc pleurer les larmes de ta sève pour aux sentiers célestes enfin éclore.

Éléments

Chaque jour je renais à la perception,

Comme pour éclairer mon regard d'une autre
constellation,

Comme pour rejoindre la symbiose d'un
nouvel horizon,

Et sentir frissonner sur les pétales de l'esprit la
rosée d'une mystique vibration,

Aussi mouvant que le ciel,

Se dessine au fond des brumes le miroir
étincelant de ta prunelle,

L'haleine du vent me murmure à chaque
seconde une cristalline mélodie,

Et m'enivre de la plénitude de sa surnaturelle
féerie,

Les éléments sont les sésames de tes mondes,

Comme des apparitions fantasmatiques à nos
yeux de vivants,

Comme les gardiens des portes du
commencement,

Et les dieux tactiles et palpables dont nos vies

se fécondent,

L'oranger du couchant, la pâleur du levant,

Reflètent les mille éclats de tes eaux en mouvement,

Le vent comme l'océan, la terre comme le feu immortel sont les vecteurs de l'éternité,

Ils enroulent nos vies des différents prismes de l'originelle unité,

Dans les cités nées de nos déserts visibles,

Ils entonnent dans nos troublants vertiges les refrains des bouleversements imprévisibles,

Dans leur bruissement sonore, se dessine le souvenir de notre métamorphose,

De nos cieux emportés par un courant sans fin jusqu'à la mer de nos êtres enfin éclose,

La beauté du crépuscule ne dépasse-t-elle pas le plus grand des mirages,

Le mouvement hypnotisant des flots ne nous invite-t-il pas à de divins sillages,

La terre qui porte en son sein la pesanteur de nos vies nous protège comme une mère attendrie,

Et la flemme qui danse, et la flemme qui jaillit de nulle part n'est-elle pas le miroir de l'instant béni,

Tu as fait des nues dans leur prodigieuse clarté la parure de nos vies,

Tu nous as offert l'onde de diamant sans contrepartie,

Nous balançons nos âmes dans le souffle céleste pour sortir de notre amnésie,

Tu nous as donné la vie, tu nous as prêté les sens, seulement pour nous ramener à l'ivresse de ta lointaine ambroisie.

Élévation

Comme si nos silhouettes s'élevaient vers l'horizon,

Traversant les planchers et les plafonds,

Au rythme épanouissant des altitudes,

Libérées des sommeils des trop lents préludes,

Comme l'astre isolé retrouve son orbite,

Comme le vent épouse les vols sans limites,

Te souviens-tu d'où tu viens et de ce que nous sommes,

Au delà des comtes et des morsures de la pomme,

Ressens-tu l'étrange flottement,

De la voile gonflée par le vent évanoui,

Moi je sens de nos vies l'éternel frémissement,

Le flot des terriennes mélodies qui me hissent au mat de l'infini,

Nulle part et partout tout est vibration et
remontée vers l'azur de nos vies,

A nos pores s'ancrent les navires des partances
inassouvies,

Perdons-nous dans le vent, perdons nous dans
le souvenir des non dits,

Le secret de nos danses est dans la courbe des
dunes englouties,

Dans le mystère commence l'élan de nos
races,

Dans le rêve sommeillent les passerelles des
vaisseaux de l'espace,

Nos visions sont les cordages qui dans la nuit
nous enlacent,

Emplis-toi de la plénitude du vide et des
quêtes jamais lasses,

Cherche plus loin que les royaumes construits,

Défais la science sous le feu ardent de la nuit,

Efface nos routes dans le désert du vide
éternel,

Redessine les ponts des étoiles et les miroirs
des parures de ciels.

Essence de vie

Mais quel étrange courant d'air,

Épouse la courbe de ma vie et soulève les
dunes de ma chair,

De quel volcan endormi ou de quel brûlant
cratère,

S'échappe ce souffle impalpable et ce si grand
mystère,

Quelle est cette subtile essence qui meut toute
chose,

Ce frisson qui fait bruisser le feuillage et ouvre
les portes closes,

Des fleuves de sang traversent nos corps avant
de se perdre dans l'océan des âmes à éclore,

A la source d'une seule et même lumière ou
renaît à jamais l'aube de la mort,

Puisqu'il faut s'abandonner à corps perdu,

Pour retrouver le chemin de la vérité nue,

Âme sacrifiée, âme condamnée à tisser la toile
des instants inexplorés,

Comme celle du souvenir des paradis à peine

balbutiés,

Une force invisible prend possession de mon
âme,

Me soulève et ouvrent mes pores comme
autant de sésames,

J'ai envie de me fondre à la magie des
éléments,

Tour à tour de m'imbiber d'eau, de brûler et de
me gonfler de vent,

De cette fusion je disparaîtrai, et d'elle je
renaîtrai,

Je peindrai mon ciel aux couleurs de l'éternité,

C'est de ce divin mélange que je suis née,

Et c'est à cette mystique dissolution que je
retournerai,

A la naissance comme à la fin de cette
dimension,

Je retrouverai la plénitude de la pure
perception,

Je m'accorderai à ta vertigineuse vibration,

Univers toi l'église de mon humaine

conception,

Les orgues du souvenir feront trembler les murs de ma conscience,

Tes chœurs élèveront leurs voix au fond de mes rêves en mouvance,

Enfin libérée du temps, de l'espace, et de la matière,

Soulevée dans les flots d'une seule et éternelle prière.

Éther

Parfois je me sens l'ange évanoui dans l'éther,

Contemplant le dessin de nos mondes,

Ou tout se mesure, se pèse et se dénombre,

Ou le souffle de nos vies éteint le brasier des
lumières,

Je rêve qu'une main aussi vaste que la terre
soulève nos toits,

Et de ses doigts légers comme le vent défasse
nos esprits,

Que s'effacent nos routes, que se mélangent
nos lois,

Que s'ouvrent nos yeux sur l'or de nos vies,

Que restera-t-il de ces royaumes évanouis,

L'unique vérité de l'horizon infini,

La pureté sans compromis des éléments,

Comme les portes inébranlables du
commencement,

Rien de ce que nous vivons n'existe dans

l'espace infini,

Les faibles cloisons de l'amnésie n'étouffent
pas les puissants courants d'air,

Les fleuves d'asphalte glissent sur la peau du
serpent de lumière,

Dont les yeux sont plus profonds que la nuit,

Que savons nous des densités invisibles ou
d'autres soleils progressent,

De ces dimensions qui s'entrelacent à nos
chairs,

De ce que nous ne percevons mais qui en
silence nous caresse,

De ce que nous nommons féerie mais qui n'est
que notre essence de lumière,

Les parchemins immortels se déchiffrent à qui
veut les voir,

Les astres comme les traces du divin
enflamment nos mémoires,

Jusqu'à quand dériverons dans les mers
divines,

Quand nous suffira-t il de lire les versets de
l'aube cristalline.

Étoiles

Étoiles, soleils, témoins de nos proches
incandescences,

Îlots des chaleurs rayonnantes égarés dans la
céleste romance,

Couronne de feu de l'immense univers,

Promesse de nos sacres futurs et de nos
scintillements de lumière,

Combien d'écrins provisoires nous
emprisonnent,

Le jour, la nuit, la chair des hommes,

Ne faut-il pas s'étonner de ces rythmes sans
fin,

Seulement s'évanouir dans la promesse du
lendemain,

Sommes-nous les valets des sillons éphémères,

Deviendrons-nous les goélands de lumière,

Dans les métamorphoses des ciels et des airs,

Dans la poursuite des soupirs de l'éther,

Comme le torrent suit le fil des courants invincibles,

Progressons-nous à travers les psychés translucides,

N'est-ce-pas la pensée qui efface nos écailles,

Et dont n'ait l'enjambée de l'éternel vitrail,

Qu'est la matière face à l'esprit,

Mais que peut soulever la pensée dénuée du muscle infini,

L'univers entier se mélange et se nourrit de lui-même,

Chaque particule sœur et maîtresse de l'éden,

Sors de l'eau pour pouvoir contempler,

Gorge-toi de son fluide pour ressentir l'éternelle immensité,

De quelle ronde immense ignorons-nous les arcanes,

Quand le seul but de nos vies est d'oublier l'étrangeté de l'aube diaphane.

Existence

Et si la beauté était la sœur du disparaître,

Et si le jour de nos croyances renaissait des
peut être,

De ce temps éternel ou nous aurions
simplement pu être,

Perdus dans la contemplation de nos
évanescentes silhouettes,

Et si la grâce était au rendez-vous de ce bal
étrange,

De ces ombres qui nous évoquent tant de
choses,

Et entrebâillent les portes des inconsciences
écloses,

Des regards aperçus sous les masques des
nuits et des silencieux échanges,

De la vie à la mort nous passons d'une
cavalière à une autre,

Au détour des époques, au croisement des
siècles revois-tu leurs visages,

Te souviens-tu des secrets échangés sous le
divin feuillage,

Dans le mirage de nos vies ou dans les transes
à jamais nôtres,

De quel versant de la montagne, apercois-tu le
sommet d'ivoire,

Dans quelle vallée, renaissons-nous de notre
immortelle préhistoire,

Comme dans tes flots nous retrouvons notre
lointaine mémoire,

Comme tes rayons d'or nous emplissent de ta
gloire,

Sommes-nous de ton existence, sommes-nous
de ton errance,

Sourds à tes flûtes célestes mais gorgés de
brumeuses croyances,

Mais toi qui parles, que sais tu de l'envol de
l'instant,

Toi qui crois frémir sous l'écrit enchantant,
que sais tu des visions du mourant,

Crois-tu que du départ jaillit le firmament,

Tout ce que je sais c'est que mon âme sera les
ailes de ma prière,

Tout ce je que sens c'est l'élévation vers l'étincelante lumière,

Je sais que le ciel m'appelle et me promet la traversée des mondes couchants,

Le chemin est long mais la conscience est de mon parcours le flamboiement,

Je ne suis pas de tes églises, je ne suis pas de tes terres promises,

Je t'écoute me parler au travers de l'immensité et des astres miroitants,

Toi qui a fais la nature si belle pour nous rappeler la chaleur de ta chandelle de diamants.

Foi

J'ai frôlé les sols d'écume et le halo des lunes,

J'ai défait les lianes des ancrages terrestres une
à une,

Dans l'envol de l'automne, j'ai transporté les
secousses fauves de mes transes dans la danse
des dunes,

Je n'ai plus de cordage, plus de rivage, je suis
libre des corps et des murs de bitume,

Suis-je homme ou animal ou encore un autre
de tes pétales,

Dis-moi quelle race m'a vue naître du gouffre
de ton râle,

De quel signe as-tu béni mon mystérieux
baptême,

De quelle couronne d'étoiles as-tu tressé mon
étrange diadème,

Suis-je une fée égarée dans l'aurore des lacs,

Suis-je l'astre manquant au rayonnement de
ton zodiaque,

Ou seulement une passerelle, l'absente

voyelle,

La lettre manquante à ton verbe éternel,

Je ne suis que la forme qu'emprunte le moule
des mondes innommés,

Je ne suis que la plume qui sous les murmures
des vents respire l'immensité,

Je n'ai pas de nom, je n'ai pas de parole, je ne
suis entre tes abîmes que la voie du
passage,

Quel est le mérite de l'être qui ouvre les
vertiges de tes sillages,

Je suis tienne, soumise et maîtresse de
l'universelle perception,

Je m'emplis de l'écho des éléments accordés
au grandiose diapason,

Je n'ai pas peur de te revenir, je ne crains pas
de voir ton ciel grandir,

Je me perds dans ton frémissement,
j'hypnotise le prochain achèvement de
ton devenir,

Il n'y a pas de maître, d'esclave,

Juste les jaillissements de ton éclatante étrave,

Il a fallu le temps que je te reconnaisse, il a fallu la halte de l'âme mise en pièces,

Mais du plus profond des pluies j'ai vu se dessiner le visage des sublimes prêtresses,

Comme j'ai mis le temps de croire en toi,

Comme je me suis souvenue du lointain pays d'autrefois,

Sais- tu aujourd'hui la puissance de mon émoi,

Sens-tu dans les chavirements de mon âme la clarté de ma foi.

Fusion

Et si les lignes de nos mains devaient se fondre
à l'horizon,

Comme les pâturages deviennent l'écrin des
constellations,

Notre véritable patrie est-elle l'éther,

La brume des nuages le plus proche souvenir
des lumières,

Combien de champs et combien de villages,

De plaines aussi immenses que la seule vision
d'un nuage,

As-tu conscience de ta petitesse,

De l'étroitesse de ta vue et des faibles gloires
de tes messes,

Si tu pouvais te remplir des moissons de
l'espace,

Serais-tu un jour jamais las,

Pourras-tu seulement t'étonner avant le soleil
du mourant,

Des tapis de verdure glissant dans le désert

omniscient,

Nos âmes passent-telles au travers des filtres
du souvenir,

Au bout des millénaires et des siècles à venir,

Comme on extrait lentement la pépite,

Au bout des transes sans limites,

Nous devons de nos temps d'hommes
construire les ponts éternels,

Laisser fusionner les deux cotés du miroir,

Comme on répare la brisure de l'histoire,

Ressentir et non pas croire, comprendre les
cheminements intemporels,

Si un jour nous ne vivons plus dans la matière,

Mais dans les aisances des villes de lumière,

Ce sera au rythme des élancements spirituels,

Et non des vides des sciences sans échelle,

Si la foret devient l'onde mouvante du ciel,

Si l'océan t'apparaît comme la plume de ton

aile,

Ne remercie pas la terre, n'implore pas la
chair,

Bois jusqu'à la lie l'aurore infinie sous la glace
de ton œil clair.

Globes dansants

Les globes roulent dans leur hamac d'étoiles,

Comme un mobile suspendu dans le vide
sidéral,

Obéissant aux lois mystérieuses et à la
mélopée des haleines,

Des passants des jours et des créatures
magiciennes,

Monstres paisibles de la caravane immortelle,

Porteurs des dérives charnelles,

Suivant la piste silencieuse des ablutions sans
pareil,

Parents fugaces dont nos âmes s'émerveillent,

Nos errances ne sont-elles pas les mêmes,

Géants qui dansez dans les brumes de l'appel,

Et nous vagabonds des terres de blasphème,

Cherchant sous nos paupières les chemins de
l'éternel,

Les yeux bandés dans la nuit noire,

Devinant le mouvement dans l'abysse,

Les vérités incréées dont l'immensité nous
éclipse,

Et nous révèle nos souffles illusoires,

La croyance se perd dans les méandres des
dimensions,

La réalité renaît au jour de l'immortelle saison,

Lorsque s'évanouissent les matières inutiles,

Les entraves aux sillages fertiles,

Promesse de pureté qui se dévoile à la lumière
de la perception,

Amante sans visage de l'infinie constellation,

Illuminant nos âmes de sa paix sans nation,

Et de la grâce des célestes horizons,

Peu m'importe le jour d'après,

Quand je caresse déjà les profondes libertés,

Sais-tu que ton ombre se réinvente mille fois
sur terre,

Lune qui glisses en rêvant sur nos corps de poussière.

Hypnose

Regarde-nous immobiles et muets,

Roulant dans l'onde de l'immensité,

Regarde nos pas s'évanouir sous la vague
amoureuse,

Amante du flot des nuages glissant sur nos
ombres frileuses,

Combien de ciels se superposent,

Et nous anesthésient sous le manteau de leur
hypnose,

Quel étrange bien être me libère de l'angoisse,

Me mêlant aux invisibles glissements qui
m'effacent,

La parole ne sort pas de nos bouches mais du
gouffre du silence,

La paix n'est pas fille de l'homme mais des
lointaines mouvances,

L'univers nous enveloppe de ses océans
d'ivresse,

Tentant de pénétrer nos chairs de ses
grandioses promesses,

Tourbillonnant autour de nos ères misérables,

Pour mieux nous élever dans sa géante spirale,

Diluer au fil des millénaires la souillure de la matière,

Libérer l'ange des mortels déserts,

Comme on nage plus loin que la mer,

Comme on marche au delà de la terre,

Emplissons nos poumons des vertiges sans oxygène,

Traversons les rideaux qui nous voilent l'éden,

Laissons-nous soulever par la danse des éléments,

Dispersons le feu de nos mémoires aux quatre vents,

Comme on se perd au fond des fusions éternelles,

Comme on meurt à la folie de nos errances irréelles.

Illusion

Sur quel étrange radeau dérivent nos âmes,

Quel terrible déluge nous lavera de la rosée de
tes pleurs,

Immense mystère que nos mots d'hommes
nomment seigneur,

Mais que ne savent nos consciences profanes,

Comment vivre dans les frontières de ces
mondes,

Quand nos pieds s'enfoncent dans le sol et que
nos cheveux caressent les étoiles,

Dans une réalité construite à l'ombre de nos
voiles,

Et des clairvoyances des soleils à jamais
évanouis du nombre,

Nous grandissons à l'ombre du néant et du
prochain soleil couchant,

Avares de nos secondes et voleurs de l'instant,

Ignorants de l'évidence suprême qui nous
entoure,

Des perceptions qui glissent vers l'éclipse

d'amour,

L'univers entier nous appelle et nous invite à
la recherche,

Tout nous dévoile l'illusion de nos jours et la
perte dans les fleuves sans contours,

L'éternité existe et se dénude à nos yeux mais
qui la voit,

C'est la rose qui s'épanouit dans le silence de
nos pourquoi,

Nous construisons des dédales dans la nuit de
l'infini,

Nous aveuglant un peu plus à la lumière de
nos sciences,

D'un savoir pauvre des encens de nos sens,

Des cascades ou s'accomplissent la vérité de
nos vies,

Nous glissons dans la nuit de nos mensonges
et de nos misères,

Répugnant à l'élévation et à la fin de toute
frontière

Amoureux de l'ornière alors que la vérité

enlace la magie,

Prisonniers de nos sarcophages d'orgueil et
d'hégémonie,

Dieu n'est pas croyance ni dogme, ni enfer ni
paradis,

Je ne c'est qui il est mais ce nom a le parfum
de l'infini,

Peut-être est-ce la réalité de nos êtres que nous
ignorons en ces vies,

Cette croissance de nos âmes altérée par notre
humaine nuit.

Immatériel

Des jardins blottis sur les ailes des nuages,

Des bassins ou glissent les vents des royaumes
sans âge,

Comme un palais posé en équilibre,

Reposant dans la genèse du vide,

Et la blancheur, la blancheur incrédule de ce
ciel,

La magie évanescente qui caresse nos ombres,

Puretés des chaleurs sans contour qui toujours
nous appellent,

Mais auxquelles jamais homme ne succombe,

Je mords à la guimauve du silence,

Je me noie dans la paix de mon absence,

A qui appartenir que ces courbes sans désir,

A ces fluides rayonnants qui tressent les
couronnes de nos martyrs,

Si la vérité était immatérielle,

Ton sourire intemporel,

Nos vols le souvenir des rêves sans échelle,

Et la pluie les diamants des larmes éternelles,

Évanouissements sans fin, corolle de nos
bonheurs,

Caresse des songes des dormeurs,

Achèvement de toute chose,

Dans le sas des dimensions écloses.

Immense promesse

Tant de navires de pétales,
Tant d'aubes de dédales,
Sur ton traîneau de brume naufragé de l'éther,
Dans l'oasis des lunes prince des lumières,

Messie des hautes sphères,
Et des serments d'hier,
Promets-moi les baisers de sagesse,
Et les bibles de liés,

Attends-moi au rendez-vous qui n'existe pas,
Sur la dune ou le rêve jamais ne mourra,
Dessine-moi la ou je ne serai pas,
Mais ou l'espace bientôt renaîtra,

Tiens l'immense promesse,
Du vertige de mes prouesses,
Crois aux larmes de mes nuits,
Et aux créatures de l'oubli,

Comprends les mots qui ne semblent rien dire,

Mais qui détiennent le secret de tes désirs,

Devine les îlots de La parole,

Comme la mer découvre ses atolls,

Décrypte les ambiances,

Des éternelles transes,

Des vies émergées des berceaux des nuages,

Et des mondes à jamais sans rivages.

Jaillissement

L'essence pure de nos êtres progresse dans des densités invisibles,

Traversant un à un les mondes vibratoires,

Et se meut et s'élève dans des vols à nos sens inaccessibles,

Tourbillonnant dans l'espace comme des flocons d'ivoire,

Un jour peut-être jaillira-elle de l'univers,

Comme autrefois elle a jailli de la matière,

Quand l'onde universelle retrouvera les dessins de l'ultime perfection,

Et que l'union première refermera enfin le gouffre de nos dimensions,

Quand viendra le temps ou l'esprit aura achevé sa pensée,

Ou la conscience enfin éclairée n'aura plus qu'à contempler,

Combien d'autres créatures émergeront de nos âmes,

Combien de mystères s'échapperont encore de ta manne,

L'ombre est si grande aux sources de l'origine,

Moi qui t'appartiens, moi qui implore ta paix divine,

Tu m'as faite naufragée de l'espace,

Condamnée à m'arrimer au radeau des étoiles, à tes croissants de lune pour survivre aux rouleaux du temps qui passe,

Au milieu des passants, je m'égare comme au milieu des dunes,

Tu es le seul que j'entends et qui regarde au travers de mon âme,

Le sang du couchant m'irrigue comme un de tes organes,

O seigneur, m'as-tu fait naître fleuve, m'as-tu fait naître plume,

Qui m'a projetée dans l'illusion du réel,

Alors que l'âtre de l'esprit est l'arc en ciel,

Qui a laissé le jet de tes eaux claires se perdre dans le désert,

Qui s'est lassé des danses célestes et a baissé les yeux à terre,

Je ne suis pas une créature née des sables,

Je suis l'aurore enveloppée de brouillard,

Je suis une vision égarée au détour de leur fable,

Juste une étoile mise à nue par l'incandescent faisceau de ton regard.

Je suis ton père

Je suis ton père, je suis ta mère, je suis ton
frère, je suis ta sœur,

Je suis l'hiver, l'automne, le printemps, l'été
rêveur,

J'étais la avant que tu naisses, je serai la avant
que tu réapparaisses,

Je n'ai pas de nom, je n'ai pas d'âge et encore
moins de visage, je suis ta vie en pièces,

Je suis ces millions d'âmes dissolues dans la
terre,

J'ai tant de souvenirs et j'ai fait tant de prières,

Je suis de l'ère d'avant, avant le poids de la
matière,

Je suis immortel et pourtant aussi vieux que
l'univers,

Je ne sais pas ce que dissimulent les méandres
de la nuit profonde,

Parfois je perds la confiance en la symbiose
des azurs inviolés,

Parfois la peine courbe le dos des anges
comme celui de l'âme vagabonde,

Ou trouverai-je la ligne de l'horizon ou connaîtrai-je l'entière liberté,

Je me mets à rêver de la conscience enfin abandonnée,

Et j'espère ces miroirs sans fêlures et le repos de l'éternité,

Peut être que c'est dans cette chimère que se trouve la clé,

Peut être que c'est dans cette chambre secrète que sommeille la perception enfin révélée,

Je ne suis qu'une âme qui attend la délivrance,

Je sais que l'être est sans limite et que bientôt je reconquerrai mon orbite,

Ma vision est altérée par les remparts mouvants de ces siècles de latence,

Mais dans un ultime effort je palpe dans mes transes tes brûlantes pépites,

J'ondule comme la mer au gré des plus violents courants,

Je suis ballotté par les flots, je suis entraîné par le fonds alors que j'implore le firmament,

Je sens des vents venus du plus profond de l'univers,

S'emparer de mon être, le décoller du sol, rendant mon âme aussi translucide que le verre,

Je passe les jours de mon existence sous un ciel de faïence,

Tantôt je me grise de cet envol vers la pure quintessence,

Tantôt le vide qui m'entoure m'entraîne au bout des nuits sans soleil,

Mais pour mieux entrevoir dans les ombres silencieuses les chevauchées de la conscience éternelle.

La couleur des nues

Enveloppe-nous de ton drap de silence et des brises de l'inconscience,

Suspend nos vies aux gouffres infinis et à ta mystérieuse patience,

Tu es muet à notre ouïe mais tu délies les occultes sens,

Pour nos yeux tu n'es qu'apparition mais l'âme se souvient de la ou tout commence,

Pourquoi devrais-je attendre la nuit de ma chair pour palper les fragments des espaces devinés,

Comme j'ai pris le temps de l'éternelle radiance, je veux goûter pas à pas au seuil des mémoires oubliées,

Ma psyché s'évapore dans tes tourbillons, ma pensée se teinte de la couleur de la dernière saison,

L'attente est si longue et si palpitante à la fois de cet envol vers les vitraux de tes dimensions,

Je me sais plume dans le nid immense de
l'univers,

Peut être suis-je l'oisillon tombé sur le pavé, le
fantôme des royaumes solaires,

Mon être se déshabille des humaines
coutumes, mon âme change de climat aux
hasards des fortunes,

Mais dans les contrées dépassées par les
siècles, dans les cieux de demain peut être les
secondes s'échappent-elles une à une,

Des spectres vivants qui promènent les dérives
du néant,

Des cités dont les murs sans fin ne reflètent
jamais l'aube du levant,

Des pas qui tracent les sentiers de ces
colombes dés-ailées, de ces courbatures du
firmament,

Je saisis l'éclat incandescent tombé des nues
comme la larme du cœur de l'enfant,

Au détour de la fable, l'esprit a retrouvé la
mémoire,

Au glissement des jours, mon cœur caresse les vents de l'histoire,

Et mon âme vibre au rythme de la nuit d'hier, et mon âme retrouve le repos de naguère,

Et comme le fauve fend la savane mon spectre ruisselant s'en va retrouver la pureté de tes champs de lumière.

La fin

As-tu peur de la fin comme on frissonne sous
le courant d'air,

Crains-tu les sorts des fantômes qui soulèvent
ta paupière,

Peu importe puisque tout s'évanouit dans les
airs,

Le néant comme la procession des nouvelles
ères,

Et les danses n'en finissent pas,

Et les sortilèges de ce qui demain existera,

Sais-tu que tout ce que tu ignores bientôt
rayonnera,

Que veux-tu toi qui cherches la paix de la
croix,

Nous continuons nos chemins au delà de nos
pas,

Le vide se gorge des silhouettes éthérées,

Tellement lointaines de nos anciennes
humanités,

Comme la rosée qui ne coulera jamais sur ta
voix,

Pauvres hommes égarés dans la farandole des
créatures,

Croyant percer le souvenir des espaces
obscures,

Tous à notre humble place, sous le soupir de
l'ange qui passe,

Captant le murmure des mers qui nous enlace,

Parfois j'ai la vision de cet immense soleil,

Incomparable à l'astre qui nous veille,

Ce feu incandescent aux contours omniscients,

Dont les rayons transpercent l'univers comme
nos cœurs brûlants,

Dans les rayonnements que nous ne pouvons
éprouver,

Naufragés de notre lointaine humanité,

Dans des bien êtres étrangers au règne
terrestre,

Hors de la croyance, seulement dans la mémoire d'une autre quête,

Crois en moi, moi qui veille sous ton toit,

Moi qui n'ai pas d'église, moi qui n'aie pour seule religion que le souffle de la bise,

Comme je pressens le ciel au delà du mourir,

Comme je donne ma vie à la liberté des oasis insoumises.

La parure des anges

Des traînées de nuages,
Des guirlandes de visages
Des cordages de toujours,
Des fenêtres de jour,

Qui enrubannent ma chevelure,
Et me couvrent de leur parure,
Une goutte d'eau dans la mer,
Comme l'hostie pour le grand air,

Des colliers de jonquille,
Des effluves de vanille,
Et la nuit qui de son noir corset m'habille,
Des vagues qui colorent mes pupilles,

Des cerises pour pendants d'oreille,
Ma bouche teintée de vermeille,
Mes pommettes fardées de groseille,

Le verger de mes cheveux ou coule le miel,

Mes pieds chaussés de neige,

Mes songes que les dieux protègent,

La poésie pour unique solfège,

Les moutons d'écume qui m'accompagnent de leur cortège,

Les prés ou dérivent mes pensées,

Le trône des blanches nuées,

Ou je contemple l'horizon enluminé,

Au rendez vous des espaces abandonnés,

La chorale des virginités azurées,

Élevé ses chœurs vers la voie lactée,

Les oiseaux traînent les astres sur leurs ailes argentées,

Les dimensions se dilatent au fond des cataractes des célestes beautés.

La vallée de la mort

Sont-ce tes pas qui raisonnent au fond du couloir ?

Les fantômes de nos vies se languissent dans le noir,

Des serpents empoisonnent le ciel avant de glisser sous l'armoire,

La lune est en retard et je ne sais plus qui croire,

La messe est déjà dite,

Sous les paupières de la belle Aphrodite,

Les morts parlent à nos enfants,

Qui essaiment leurs sanglots dans le vent,

Je sens la pierre qui transpire,

Toutes ses vieilles peurs qu'elle me transmet dans ses délires,

Regarde bien ta peau jaunir,

A devenir blême comme de la cire,

Les feuilles mortes dansent devant mes yeux,

Les années mortes et les serments des
amoureux,

Les bois ou sombre la nuit des vénéneux,

C'est déjà l'heure de rejoindre le versant de
l'oubli bienheureux,

Les clochers se décrochent des églises,

Les cloches claironnent à notre gloire promise,

Les madones s'agenouillent au chevet des
mourants,

Des chapelets pendent à ton cou dans les
sables mouvants,

La ville s'éveille en baillant,

Étirant ses bras sur nos corps gémissant,

Les bouteilles pleines de liqueur et les caves
pleines de vin,

Assomment les songes à l'air des grands
chemins,

Dans la vallée de la mort,

Les peuples en exode sur les sentiers pavés

d'or,

Les étranges reptiles qui escortent les caravanes des maures,

Les mauvais génies qui t'ont volé la boite de Pandore.

Le pas de tes créatures

Arrête le pas de tes créatures,

Éclipse-les de ce jour obscur,

Ranime les battements de leurs ailes des
magies de ta nature,

Toi seul sais sous cette cloche de verre les
élans vers les esquisses sans ratures,

Irrigue-moi des océans ou nage le cosmos
apaisant,

Je ne veux pas de limite à ces mirages de
sable,

Épouse le ciel comme la nuit le silence
ineffable,

De la source des airs translucides découlent les
veines de ton sang ruisselant,

Je rêve de nos silhouettes disparaissant sous le
rideau de ton endormissement,

D'abord mes jambes cesseront leur course
vaine,

Inutiles à la vague de mon âme vagabondant

dans l'oxygène,

Comme une évidence, comme l'être étonné
qui retourne à l'éden,

Puis mes bras, puis mes mains lassées du poids
du sort s'évanouiront de ton terrestre règne,

Sais-tu que j'ai senti en mon corps se mouvoir
le fluide vaporeux de mon âme,

Tu as fais du cœur pénétré du mystère le frère
des ombres diaphanes,

Tu as entendu l'écho jailli du fond des astres
faire frissonner mes chênes,

Un de tes anges est venu me révéler les songes
inachevés,

Un de tes élus est descendu me murmurer tes
étranges secrets,

Comme si j'avais toujours su que tu étais la,
dans cette respiration échappée du silence,

Dans les rêves brouillés et les visions
lumineuses de mes transes,

Qu'ils cessent les délires de leurs illusions,

Qu'ils s'arrêtent n'importe où, à n'importe

quel moment et t'écoutent amplement,

Sauront-ils décrypter les lignes floutées de leur emprisonnement,

Seront-t-ils sourds aux romances de la pluie et aux balbutiements du vent,

Quand illumineras-tu leurs nues des miroirs aux incessants reflets,

Quand éclaireras-tu leur âme du halo de l'éternité,

De tout ce qui me dépasse, serai-je jamais lasse,

Serai-je à mon tour assassinée par la masse, ou l'étoile illuminant l'éternité de ton espace.

Les débris de l'espace

Nous sommes les débris de l'espace, nous
sommes ta chair éparpillée,

Nous sommes les naufragés du déluge, les
lambeaux de ta lumière disloquée,

Le jour terrestre est né de nos plus profondes
nuits,

La vérité céleste a rejailli à l'aurore de
l'horizon infini,

A l'aube se profilaient déjà les méandres de tes
insomnies,

Quand le ciel se recouvrait des brumes des
irradiés paradis,

As-tu jamais cru à la toile vierge des destinées
futures,

Et rêvé ici bas au nuage que l'esprit jamais ne
capture,

Trop vite je suis revenue, trop vite nous nous
sommes perdus,

Du sommet des écumes et dans les courbes des
dunes,

J'ai vu l'immensité rejaillir de mon humaine lacune,

Cette sœur jamais vraiment inconnue, cette ombre jamais disparue,

Des plus incohérentes équations,

Mon âme retrouve le sens de ton incommensurable perception,

Elle goûte et se remplit des ondes mystérieuses du sable,

Elle s'accorde aux symphonies des saisons et des géantes fables,

Elle s'envole pour retrouver la violence, frémir sous la vibrance,

De sa folle impatience du désir des trônes de magnificence,

Je veux retrouver ces temps ou l'esprit ne sait plus ou l'âme ne pense plus,

Je ne veux plus me souvenir, ne plus devenir seulement m'ancrer dans l'éclat reconnu,

Je n'ai rien à connaître, seulement à te deviner,

Je n'ai que le pouvoir occulte de mon intuition

pour te voir à mes yeux scintiller,

Je veux te voir me dominer, et voir les lames de ton océan me dépasser,

Comme j'aime te respirer, te sentir sans que tu ne me sois jamais révélée,

C'est toi qui au fond de la nuit fait ma main se mouvoir,

C'est toi qui sur nos cités de cendre envole les larmes de nos désespoirs,

Tu es la muse de nos proses, tu ouvres nos yeux d'aveugles sur la vérité éclose,

Tu n'es pas l'ange de parole, ni la nymphe du savoir tu n'es que la mémoire infinie de ce bouton de rose.

Les ponts de nos nuits

Quelle fulgurante étoile filante veux-tu que je chevauche,

Je ne suis qu'un galet qui au plus profond des cieux ricoche,

Parfois l'écho infini emplit les ombres de mon âme,

Je suis la pierre qui roule au fond du puits de la nue diaphane,

Je retiens de mon souffle l'instant ou le temps s'arrête,

Pour soulever sur mes ailes les cascades des limbes,

Et parler à l'ange qui dans le lointain me guette,

Me prêtant son auréole pour redorer le halo de la lune éteinte,

Comme j'aime ce silence et comme il me fait peur,

Comme j'aime ta nuit mais comme je crains les sortilèges de l'enchanteur,

Les ponts des rivières nocturnes sont les

rivages de l'éternité,

Mais dans ce vide si grand je me sens parfois comme l'enfant abandonné,

Je ne sais à quel port céleste m'ancrer, ni auquel de vos saints offrir ma destinée,

Je ne sais d'où je viens, je ne sais où retourner,

Je ne suis pas de ce monde, je ne suis pas de ce temps,

Je suis fille du vent, fille du mirage incandescent,

La réalité n'est pas celle que l'on croit,

Mais l'onde surnaturelle qui se réveille quand le jour décroît,

Elle ruisselle partout sur nos vies, elle liquéfie nos corps,

Elle lave les spectres que nous sommes et nous fait glisser dans l'antre de la mort,

Nous ne sommes plus que les particules d'un seul et même être,

Nous communions sans verbes et sans voyelles,

Nous enrubannons l'univers de notre guirlande
éternelle,

Dans le sommeil de nos haines et dans la
pureté de notre quête,

Il y a cette foi qui nous unit au plus profond
des insomnies,

Cet esprit divaguant, cette conscience de cette
prose grandiose qui toujours ressurgit,

Et nous lit la mémoire de nos âmes et les
jardins refleuris,

Ces mondes de soleils et de lunes qui au fond
de nos cœurs à jamais irradient.

Les quais de l'âme

Aurai-je besoin d'être prête,

De poudrer mon âme des pâleurs célestes,

D'auréoler mon ciel de la farandole des comètes,

Pour découvrir la vérité du songe enfin une fois peut-être,

Devrai-je préparer mon départ,

Pour l'immensité ouvrant ses veines à tous les nulles parts,

Pour ce parcours céleste mêlé des vertiges du hasard,

Brillerai-je comme l'étoile éclairée par le faisceau transcendant de ton phare,

Que veux-tu que mon ciel poétise,

Qui ne s'évanouisse aussitôt dans le souffle de la bise,

Que veux-tu que de mes mains je construise,

Que l'esquisse de ces dessins, que le sourire de la mort promise,

Je ne peux qu'offrir ma danse fantasmatique aux vivants,

Je ne peux qu'alléger mes mots de la plume de l'instant,

Je virevolte suspendue aux frémissements de tes paupières comme une étrange ballerine,

Dans le balai des anges, je tends lascivement au néant mes lèvres purpurines,

L'inconnu a pour moi l'extase de la félicité,

Le mystère des continents n'est que le reflet des cieux illimités,

Je ne suis qu'une âme en partance,

J'attends sur les quais terrestres l'envol pour les paquebots de démence,

Comme j'aime défaire l'écheveau de ces espaces asphyxiés,

Pour mieux me perdre dans les roseaux des contours inachevés,

J'ondule sous le souffle du vent et de la nuit promise,

Je me grise des lacs d'inconscience et de ces silhouettes exquises,

Je suis le pollen que les fleurs déposent sur les cils du rêveur,

La folie du mourant et le poison du serpent enchanteur,

Je suis le spectre évanescent emporté dans un torrent de couleurs,

La panthère griffant la nuit pour en faire jaillir les hallucinogènes lueurs.

Liens célestes

Tellement de chemins parcourent l'oubli de
nos âmes,

Tellement de paroles se sont évanouies de ta
bouche profane,

Par les portes entrebâillées sur ton passage,

N'est-ce pas l'océan du ciel bleu qui jaillit de
nos sentiers de nuages,

De cette étrange impression qui trouble le
paysage,

Je m'enveloppe comme des volutes diaphanes
des royaumes sans âge,

Qui partage les banquets et les orgies de ce roi
sans visage ?

A quel règne appartient cet espace infini aux
frontières invisibles et sauvages ?

La ou les anges se baignent dans les flots de
l'éther,

La ou les âmes se laissent bercer à jamais par
la romance des airs,

Est-ce ce monde inviolé que tu couronnes des lauriers de l'éternité ?

Ou n'est-ce qu'un des jardins azurés de tes dimensions libérées ?

Tu me tends la main du haut des cimes enneigées,

Et au travers des nues la caresse des arbres a la douceur des paradis argentés,

Et l'aube pale la pureté de cette existence sans fin,

Ou chaque instant n'est qu'une passerelle pour retourner à ton fabuleux écrin,

Pour te retrouver, j'enlèverai peu à peu mon masque d'humain,

Mais qui m'a arrêtée dans la foule pour ouvrir mes veines aux soleils de l'un,

Qui a brouillé ma vue pour extraire l'essence de cette enveloppe sans lendemain,

Qui a saisi mon bras pour que je cesse ma course vers les brouillards du destin,

Au bout de vos routes, au bout de l'errance,

C'est au seuil de l'au delà que tout commence,

Au bout de l'égarement, jusque dans les
vertiges de tes transes,

C'est dans la spirale universelle que l'esprit
continue sa danse,

Hors de nos champs de visions, hors de notre
perception aliénable,

Ailleurs toujours ailleurs, nos corps célestes se
gorgent des liqueurs impalpables,

Pour retrouver la trace lumineuse de ces vies
bien plus grandes,

Ou s'achèvent les croyances, ou commence la
vraie science effacée des miroirs inversés de
notre humaine offrande.

L'instant

Laisse mon étoile s'arrimer à une branche des
arbres comme à un de tes haillons,

Comme tu as tissé les cheveux de mon âme
d'autant de tes rayons,

Mais avec qui converse l'être transcendé par
les dieux,

Mais ou s'en va-t-on l'armée des siècles
silencieux,

Ne vois-tu pas l'instant échappé de la horde
des loups mugissants,

Ne sens-tu pas couler sur ton front la goutte
noyée dans l'océan,

Saisis-toi de ce présent comme l'homme sauvé
du naufrage,

Pénètre-toi de cet éclat et colore tes visions de
cet étincelant nuage,

Saurai-je jamais dans cette incarnation qui
habite ma chair,

Me dévoilera-ton au fond des siestes

incandescentes la magie de l'éclair,

La vérité me sera –telle au soleil de la mort au moins révélée,

Encore une nouvelle vie me sera-t-elle offerte pour m'épuiser à sa clarté,

Que serai-je à la fin de la métamorphose infinie,

Me fondrai-je à tout jamais à l'univers,

Ressentirai-je la paix de l'astre qui se berce de sa course lente et régulière,

Sans plus de mains, ni de corps à mouvoir comme un forçat ou un messie,

Jusqu'où devrai-je m'élever pour enfin m'apaiser,

Est-ce au bout de ces nuits, à la fin de ces lieux que tu cueilleras l'esprit en éclosion,

Je sais que ma vue d'humaine est limitée par les mondes effacés de nos dimensions,

Et que la naissance à la mort n'est que continuité dans notre trop longue traversée,

Tu as fais jaillir dans l'œil ensoleillé par ta

grandeur la nature la plus duelle,

Tu m'offres la liberté de l'esprit grisé des cosmiques saisons et tes neiges éternelles,

Tu as mis en mon être toutes les beautés de l'univers mais aussi tous ces enfers,

De ces paysages sans limites, de ces planètes sans orbite tu as enfermé sous mon toit le plus grand des déserts,

J'ai quitté les ports de l'innocence encore emprunts de ton tendre souvenir,

Pour rouler sous les houles et brûler à la flemme de ton déchirant désir,

Moi, l'enfant élevé à la lueur de ta prunelle, moi le cœur pétri des couleurs de l'arc en ciel,

J'ai vu des plus grandes magies naître la vérité, j'ai vu briller dans ton regard tout l'espoir d'une aurore enfin fraternelle.

Ma Stella

O Stella,

Ton clair faisceau recouvre la nuit de son chandail,

O Stella,

De ton pouvoir occulte tu colores de mille éclats le noir vitrail,

Tu tisses des liens de mystère jusqu'au fond de nos esprits,

Tu fais monter dans les corps alanguis des colonnes d'infini,

Les cierges des églises se consument à ta gloire,

Les statuts pleurent ta lointaine beauté et brûlent les encensoirs,

O Stella tu es l'exil des âmes sans espoir,

Et pourtant leur merveilleux perchoir,

Fragile esquisse qui ponctue le ciel,

Parfois si tu savais tu sembles t'affadir comme l'arc en ciel,

Des arches de Noé traversent la nuit pendant mon sommeil,

Et viennent s'échouer sur tes cotes,

Dans le secret des galaxies, des équipages se gargarisent de ciel,

Attendant, indolents, que les courants célestes les déportent,

O stella, tu sais bien qu'ici bas, il n'y a point de paradis,

Juste des terres sauvages,

Qui en évoquent les rivages,

Ma dulcinée, ma douce, ma bien aimée, si tu savais comme je te chéris,

Tu es un phare dans la nuit,

Tu es l'eldorado des anges sans abri,

Point de convergence des êtres écrasés par l'ennui,

Tu sais, ma Stella, chaque nuit, je te couve des yeux avec la plus grande jalousie,

Un jour viendra peut être,

Je me frotterai à ton satin,

Et plus seulement dans des rêves incertains,

Invitée par les dieux, à voir le monde
disparaître.

Mélange

Fœtus de l'âme enveloppé par le cocon de
l'oubli,

Dans la ouate brumeuse des nuages,

Et le bleu de l'infini,

Globe effleurant l'ombre du divin feuillage,

Je suis ta mère contemplant ton berceau dans
la nuit,

Je te veille et tu te crois enfant de la pluie,

Je caresse ton front et te couve de ma caresse,

Je te guide en silence vers les royaumes
d'ivresse,

Je suis la transparence des océans,

Et partout l'air évanouissant,

Sais-tu que jamais je ne t'abandonne,

A l'œil du cyclone,

Nos chairs au fond des siècles se mélangent,

Quand mes courbes dessinent le reflet de
l'ange,

Tu es mien et sans atours,

Dans la pureté de mon amour,

Ma parole traverse les corps et les pensées,

Ma voix sans organe à toi seul est destinée,

Elle parcourt tout ce qui existe de son frisson
de lumière,

Et profile l'appel de l'ultime prière,

Sais-tu que je sais le secret de ton mystère,

Comme j'ai engendré la terre entière,

Je te regarde du haut des mondes,

Et tends la main aux âmes vagabondes,

Je t'attends de l'autre coté,

Dans les pays qu'on ne voit et qu'on
n'imagine,

Que personne ne sait,

Mais qui frôle les extases sublimes.

Métamorphose

Cette nuit, j'ai rêvé plus loin que l'aurore,

Cette nuit, j'ai dormi jusqu'à toucher la mort,

J'ai vu dans mes songes les visages voilés par les nuages,

J'ai volé au dessus des villes et par delà les rivages,

Et j'ai su que c'était si peu de chose,

Et j'ai souri de mes mille métamorphoses,

J'ai baillé aux corneilles,

Gonflée d'une indolence sans pareille,

Ce soir la ville est si paisible,

Terre d'asphalte complice des dimensions inaccessibles,

La paix de la connaissance repose mon âme,

Allégée des tourments et du bruyant vacarme,

Agréable dérive,

Délicieuse esquive,

Je m'abandonne dans le flot des eaux vives,

Qui délieront mon corps jusqu'à l'autre rive,

Je sens malgré les douleurs le cocon d'une
immense bienveillance,

Je sens le souffle chaud de ton haleine,

Toi, mon père qui inondes la vie dans mes
veines,

Si tu savais comme en toi j'ai confiance,

Peu à peu de ma vie j'ai perdu le fil,

Emportée par le courant des fleuves volatils,

Mais j'ai retrouvé le souvenir des royaumes
fabuleux,

Cet ailleurs espéré, cet éden nébuleux,

Rien n'a plus d'importance,

Rien n'a vraiment d'existence,

Seul ce trouble qui fait chavirer mon cœur,

Qui des plus grandes peines a fait éclore un si
merveilleux bonheur.

Neiges éternelles

J'ai noyé l'oubli au fond des neiges éternelles,

J'ai fermé les yeux pour voir apparaître le reflet de la vie la plus belle,

J'ai glissé lentement au travers des déformations du miroir,

Et fondu au soleil pour ruisseler dans tes rêves prémonitoires,

J'ai perdu mes sens d'humaine pour me réchauffer aux rayons divins,

Au travers des champs lunaires et dans le mélange des vibrations,

J'ai soulevé le voile de l'ultime saison,

Et des yeux de l'âme j'ai découvert le spectacle des vertiges sans fin,

J'ai roulé dans les roues des carrosses solaires,

J'ai brûle à la flemme de ta lumière,

J'ai voyagé dans l'infini mirage sans cocher ni passager,

Ma monture comme une constellation dansait dans l'espace et cadençait sa course de ses rythmes sacrés,

Je sais à présent ou les ombres m'ont menée,

Je sais pourquoi à ta source limpide les anges
m'attendaient,

Je suis un éclat échappé de ton œil de cristal,

Je suis l'embryon de ton ère retourné au règne
animal,

Je suis le flot de ton vital oxygène,

Et le chant ensorcelant des sirènes,

Je suis la parole mystérieuse de l'âme
magicienne,

Et du géant secret l'éternelle gardienne,

A la frontière des deux mondes,

Je regarde voguer dans les cieux le halo de la
lune blonde,

Je plonge à m'y perdre dans l'azur et me noie
au fond des terres obscures,

Je ne suis d'aucun des deux royaumes,
seulement de la conscience, la géante fêlure,

Parfois j'espère que l'éclair fera fondre l'éclat de mes chaînes,

Parfois j'espère que le grand néant à la vie me ramène,

Je ne suis qu'un pont d'étoiles entre les célestes horizons,

Je suis du tout puissant le prisme de la vision, juste le sésame entre les impalpables dimensions.

Océan

Sais-tu que nos jours voilent l'ombre infinie,

Que les fleuves de nos vies coulent au fond
des galaxies,

Que nous parcourons les temps sans y voir,

Que le plus grand soleil cache l'entonnoir,

Tout ce que nous avons construit ment à la
nuit,

Et au commencement de nos vies,

La croissance commencera quand nos âmes
épouseront les fluides éternels,

Quand nous nous nourrirons de nos
perceptions sensorielles,

Nous prendrons conscience de ce que nous
sommes,

Et ouvriront les portes ou s'effacent les paroles
des hommes,

Tout autour de nous sommeillent les traces des
sources millénaires,

Qui un jour nous soulèverons sur leur puissant

jezer,

Il nous suffit de voir, de regarder alentour,

Au delà des temps, au delà des globes, la
parole de l'infini amour,

La clé des déserts visibles, revers des accès
invisibles,

La progression de nos ondes à travers les
sillons invincibles,

La ou nos êtres et nos ombres s'épanouissent,

Dans ce que nos pensées ne connaissent
l'esquisse,

Je ne sais rien mais pourquoi veux-tu que
j'ignore,

Le fluide de mon âme et la promesse de ma
mort,

Nos consciences doivent s'ouvrir comme
autant de corolles,

Fleurs de progrès et des transes sans idoles,

S'élevant dans les champs des ondes,

Égrenant leurs pétales sur nos larmes
fécondes,

Vivons dans l'écho de l'univers,

Transperçant les nues et les murs de nos chairs,

Mélangeons nous à la danse des éléments,

Perdons-nous dans la mémoire des océans.

Oubli

Les ponts de l'esprit ne sont pas faits de pierre,

Les fulgurances de l'âme n'ont pas besoin de
mots,

Les mondes qui s'élèvent dans les cieux nous
rapprochent-ils des secrets de l'éther,

Ou nous enfoncent-ils dans les brumes du
chaos,

Ce que nous croyons progrès n'est que le
gouffre de l'illusion,

Nous qui avançons dans l'ignorance de la
perception,

La terre nue sous nos corps nous traverse de
son or,

De la fusion primitive, du premier rayon de
l'aurore,

Nous savons moins que les races évanouies,

Nos royaumes d'ivoire affaiblissent la pulsion
de nos âmes,

Le pouls des éléments meurt ou nous étouffe
de sa lame,

Les vibrations des sphères invisibles
disparaissent dans la nuit,

Nous nous enveloppons peu à peu des volutes
de l'oubli,

Vidant nos vies de leur sens et le silence de sa
mélodie,

Sourds à la mémoire des beautés naturelles,

Plus éteints encore que le feu sous les pluies
torrentielles,

Que savons nous de plus que l'âme primitive,

Rien que les rimes des valses de fumée,

La langue inutile des fantômes prolongeant
leur dérive,

Au fond de leurs sarcophages parfumés,

Quand la terre sera aussi nue que ta peau,

Que s'évanouiront les mondes de poussière,

Et la nuit de tes œillères,

Entendras-tu enfin les voix d'en haut.

Paradis intérieurs

Ne marches-tu pas sur le plancher des nuages,

Ne vois-tu pas les portes s'ouvrirent sur des
nations sans visages,

Pendant que les heures folles s'échappent de la
prison des cadrans,

Et que l'être chute au fond des vallées hors du
temps,

Sais-tu que dans cet enclos de cristal rien ne se
brise,

Devines-tu ce que les corps évanescents te
prédisent,

Des alchimies intactes à nos illusions évasives,

Qu'au creux du ravin l'être se libère des
médiocres emprises,

Emplis ton sang des innommées perspectives,

Ouvre-toi comme la mort fend les ombres du
néant,

Elève-toi des sols de faïence vers l'Olympe
miroitant,

Et dans les calanques éthérées laisse-toi porter

par la plus grande des dérives,

Bois l'onde des cieux jusqu'à la lie,

Touche du doigt les contours indéfinissables
de l'infini,

Sous la noirceur terrestre dort l'indigo de nos
vies,

De tes royaumes intérieurs perle la rosée des
lointains paradis,

Ce n'est pas ton destin que tu cherches au bout
de ces nuits,

Ni les paroles envolées des marées
d'ambroisie,

Au fond de ton âme sais-tu que c'est ici que
nait l'union invincible,

Au fond de tes songes rejoins-tu l'extase des
rondes invisibles,

Conscients ou non, nous portons tous en nous
les trésors des rivages de mystère,

Il en est qui voient apparaître au milieu des
brumes l'éclat de leurs cotes,

Il en est qui soulevés par des rouleaux sans

surface échouent sur les plages étranges de
notre hôte,

D'autres choisissent de fermer les yeux sur les
paysages sans fin, aveuglés par leur trop
grande lumière,

Mais chacun à son heure connaît du firmament
l'instant éclaireur,

La perception de cette vision figée dans nos
rétines,

Cette force redescendue des hauteurs,

Revenue cueillir dans les forets de nos corps la
perle de nos destinées divines.

Perception

Sais-tu seulement ou tu es,

Dans un océan sans fond et sans surface,

A quoi sert de nager quand les airs t'enlacent,

Comment bien voler au dessus de l'immense espace,

Que trouverai-je au bout de ma chute,

Que verrai-je d'autre que la nuit infinie,

Est-ce que le divin me cueillera au détour des galaxies,

Avant qu'un astéroïde me percute,

La vie et la mort se rejoignent dans le courant des rivières de l'oubli,

Dans ces cycles éternels sans commencement et sans fin,

Qui a le secret du sommeil d'airain,

Quand viendra le moment ou les êtres s'effaceront sous la pluie,

Si la fin de toute chose existait, enfin

gouterait-on à la paix,

Mais les frontières de la chair n'affaiblissent pas le frémissement de nos âmes,

Mais peut être est t il des bonheurs plus grands que les destins achevés,

Cette plénitude qui échappe à nos perceptions de profanes,

Que peut concevoir un esprit entravé par la chair,

L'infime pressenti des dimensions dévoilées par les visions d'un cerveau déconstruit,

L'intuition de ces majestueuses cathédrales ou raisonnent l'écho des profonds mystères,

A peine palpables par les passerelles de l'esprit,

Je ne peux faire que t'attendre et exhaler tes charmes,

Je ne peux qu'emprisonner tes fragments dans l'écoulement de mes larmes,

Je te cherche dans un brûlant désir, je te devine sans avoir pu te saisir,

Toi qui m'as donnée vie pour poursuivre ta traîne de saphirs,

Tu ne veux pas que je te touche, tu ne veux pas que je t'émousse,

Seulement que je consume ma vie à ton rêve,

Que je capture quelques goutes de ta sève,

Et comme les étoiles parsèment le ciel, que quelques éclats de ta lumière m'éclaboussent.

Procession

Dans des tuniques blanches gonflées de vent
comme les ailes de l'ange,

Dans le frissonnement de ces voiles et dans ce
vibrant mélange,

S'ouvrent les ports de l'inconscience et la
vague infinie des lointaines voluptés,

Dans cette lente procession, dans cette longue
translation, sur les voies de l'éternité,

Les vivants ne parleront plus jamais, ils
n'ouvriront plus jamais leurs paupières,

Ils n'auront plus de visages, ils ne vivront plus
aujourd'hui, ils ne sauront plus hier,

Ils verront les champs des astres se mouvoir
sous leur haleine,

Ils percevront de la vision de l'âme cette
perfection de la vie enfin sereine,

Tout ce qui de leur temps terrestre leur
semblait féérie de l'enfance,

Aura les reflets du réel et emplira leur cœur de
la joie ineffable de l'innocence,

La moindre de leur pensée dessinera ses

contours dans des volutes de fumée,

Ils s'endormiront pour des nuits sans fin au creux de leur pays rêvé,

Mais avant de vous en aller, volez le feu de l'urne des cieux pour vous en enflammer,

Pourquoi, avant le profond sommeil, ne passez vous pas votre âme par le filtre de la voie lactée,

Vous pouvez encore adoucir vos destins et vous enivrer de cette monstrueuse aventure,

Laisser tourbillonner vos esprits dans la géante spirale de la nuit obscure,

Il y a des âmes qui se souviennent,

Il y a des âmes qui savent les secrets égarés dans vos messes et murmurés par vos rites,

Et ces nymphes se réveillent de leurs vies antérieures à l'heure dite,

Elles sont comme les prophètes que le souffle des alizées au delta sacré toujours ramènent,

Elles n'ont qu'à libérer leurs sens pour capturer la magique fragrance,

De cette universelle danse,

Elles n'ont qu'à laisser leur rêve les soulever hors de la matière,

Pour retrouver la chaleur des royaumes de lumière,

Pour ces élues, la vie, la mort n'ont pas de frontière,

Aucune éclipse ne rompt les amarres des vaisseaux solaires,

Elles ne construisent pas de murs illusoires et encore moins de tours d'ivoires,

Entre les mondes vibratoires,

Elles parcourent ces dunes mouvantes dans leurs diaphanes caravanes,

Déjà à moitié effacées de ces vies comme un songe aperçu au hasard des chemins,

Comme des perles égarées tombées de leur écrin,

Laissant dieu accomplir pour elles ses géants desseins, laissant dieu les guider de son immense main.

Revenir

C'est étrange comme parfois il me semble
arriver au bout de l'ultime mélange,

Quand dans les brumes de l'automne l'aile des
nues prend la couleur de l'ange,

Par moment me vient l'impression d'arriver au
bout de ma lente course,

A ce jour grandiose où je me m'éveillerai à
cette aube sans chagrin,

A cet évident jaillissement au milieu des
siècles éteints,

Dans le séisme de nos âmes et sous tes
mystiques secousses,

Je plonge mes pas dans la nuit du bitume
comme si je traversais les ombres de la terre,

Comme si je sentais sous la plante de mes
pieds l'abîme de l'univers,

Je me laisse emporter par cette fragrance
magique qui me donne la sensation
d'appartenir à un tout indéfinissable,

Qui des solitudes humaines fait naitre la
communion en un règne impalpable,

Je me laisse assommer par les cascades des siècles,

Pour éclaircir ma vision des songes qui devraient être,

Je vais sans crainte, ni extase, consciente des ombres à traverser, et des déserts de la destinée,

La ou tout d'un coup tout perd son sens et le retrouve dans la fulgurance des sangs mêlés,

Je m'avance sans passion et sans désespérance,

Et je m'engouffre dans la paume de ta main en tout confiance,

Ni la mort ni la fuite ne me feront échapper à mon chemin,

Rien ne défera jamais ma conscience ni ne dissoudra la trainée de nos destins,

Je suis tienne et pour toujours, au bout des cycles, au bout du néant alentour,

Tu es mon seul repère, tu es mon seul secours dans le sommeil amnésiant,

Toi seul peux me rendre aux fusions de ton

amour,

Et me propulser des gouffres du temps
jusqu'aux lumières de ton soleil ondoyant,

A ces ères sans douleur, à ces cerceaux de
diamants,

A ces océans d'étoiles, à ces mondes de voiles
et de rêves gonflés de vent,

Tu as serti mon cœur des pierreries du
souvenir,

Tu es passé sur l'onde de mes songes, pour
réveiller au fond de mes yeux les larmes du
revenir.

Royaumes

Sommes-nous au cachot des royaumes,

Enchainés aux boulets des planètes,

Les chevilles attachées aux chainons
manquants des atomes,

Nous empêchant d'en ouvrir le flot des peut
êtres,

Dans ce palais d'azur, sais-tu que les vitraux
sont l'horizon,

Les chandelles les étoiles et les lustres les
constellations,

Ni les murs ni les plafonds n'enferment les
dimensions,

Ni nos âmes dansant dans les brumes des
tourbillons,

Invitées au bal du mystère, et de la primitive
union,

Nos ombres s'effacent sous la lumière de nos
vibrations,

Imagine la liberté du nuage dessinant
l'étrangeté de nos vies,

Gardien bienveillant des forçats des ilots engloutis,

Nous tendant les clés de nos cages,

Reflétant la vision vaporeuse des proches rivages,

Dans nos humains isolements les consciences s'assoupissent,

Dans la déformation des icones et les aveuglements de l'iris,

Nous sommes comme les flemmes s'entrelaçant jusqu'à la fusion éternelle,

Mais combien de temps faudra-t-il pour rallumer l'étincelle,

Déshabiller la terre de ses ornements de chimères,

Dépouiller nos vues des grouillements de nos déserts,

L'onde, la flemme comme le vent nous rappellent les glissements des fluides millénaires,

De celui de nos âmes enveloppées par la matière,

Si le berceau de nos chants est l'univers,

Sais-tu que notre seule patrie est la fusion de
l'onde de lumière.

Sans fin

Traversons les rideaux du temps et des pluies salvatrices,

Ce flottement à nos yeux irréel mais plus vrai que ton ombre,

Dansons hors des carcans étouffants du nombre,

Défaisons la folie de nos rondes à la lumière de l'éclipse,

Je n'espère nulle rédemption, je n'attends rien de ma mort,

Je ne fais que deviner l'envers du décor,

Se dessinent dans mon âme les azurs sans plafond,

Les royaumes dont le seuil est l'horizon,

Nous sommes à l'aube de nous-mêmes, nous qui méprisons le divin baptême,

Nos pensées se dessèchent au soleil de nos haines,

Ce que nos raisons nomment démence est l'immense réalité,

Visible à nos yeux qui préfèrent la croyance en des plénitudes insoupçonnées,

Pourquoi opposer deux ères qui s'épousent dans l'espace,

Le poids de la matière et les invisibles rosaces,

Nous ne faisons que grandir, nous alléger peu à peu,

Au rythme des saisons de l'être et des soulèvements cotonneux,

Le flot de nos âmes s'élèvent à l'unisson,

Des temps mortels ou des rêves sans raison,

Enfonce-toi dans le silence ou rejoins les ports d'aisance,

Toi la particule qui volètes aux grés de tes transes,

Tant de visions nous dépassent,

Tant de choses et tant de mémoires dont le silence nous glace,

Nous les voyageurs des unions si profondes,

Nous les indéfinissables miroirs de l'onde,

Je sais sans savoir libre de nos sphères et
prisonnière des grimoires,

Nulle entrée et nulle sortie à ce rêve illusoire,

Pas de trêve et pas d'achèvement,

A ce règne sans fin et sans commencement.

Sens

Sais-tu que le temps dans la nuit infini n'a
plus aucun sens,

Que l'espace n'est que promesse de radiance,

Comprends-tu que tu ne pourras jamais blesser
les boucliers de l'âme de ta lance,

Que la pluie peut bien me noyer sous les mers
d'abondance,

Qu'il-y a-t-il donc à faire avant d'atteindre
l'éclosion des nouvelles ères,

Chacune de tes nuits m'enveloppe du noir
manteau de l'univers,

Je veux courir sur la nudité de ta chair, ouvrir
des gouffres les inombrables portières,

Que ferais-je pour me soulever de ces sphères,
que ferais-je pour te plaire,

Je m'exalte et je pleure, je vis et je meurs,

Mais du clocher des lunes n'as-tu jamais
entendu sonner l'heure,

La folie de ces mondes m'entraine au bout des
absences fécondes,

Des royaumes d'en haut ou d'en bas connais-
tu la clé des continents inondés et l'amnésie de
l'onde,

Mais pauvre mortelle que sais-tu des frontières
de l'irrationnel,

Mais médiocre mortelle sais-tu comment finir
les desseins des bonheurs éternels,

Tais-toi,toi qui ne sais rien des choses
inconnues à ton regard humain,

Bois l'or de ma prunelle et surtout ne dis rien,

Toi qui de l'aube et du crépuscule n'es que le
charnel sillage,

Attends la seconde du passage dont la vie n'est
que l'instantané mirage,

Tu ne peux lutter contre l'amour des tiens, tu
ne peux qu'offrir ta vie aux courbes de ton
destin,

Souffre des brulures humaines comme l'astre
tombé de son écrin,

Mais veille le feu sacré de ton âme comme le
soleil couve l'aube diaphane,

Garde dans les tréfonds de ton être la vibrance

et la flemme des comètes courtisanes,

Sens-tu cette force venue du gouffre des
siècles soulever les plumes de tes ailes,

Sens-tu la déchirure de la faille défier le
déferlement des nuits charnelles,

De ces jours de naufrage, de ces heures
baignées de brume,

Comprends-tu enfin que la Vie n'est qu'une,

Qu'au fond de nos bassesses, qu'au fond de
nos païennes messes,

C'est ici que dorment nos richesses, c'est la
que surgissent hors de nos sanctuaires de
pierre les prophéties de nos déesses.

Sommeil

Qui visite ma couche pendant mon sommeil,

Et vient sceller ma bouche du sceau de tes
merveilles,

Les sirènes des transes orientales me fond
glisser au plus profond du firmament,

La ou leurs écailles ont la douceur hypnotique
de la peau du serpent,

On m'extrait de mon corps, on m'enlève à la
pesanteur,

Comme le mourant se relève de sa couche
funèbre pour les danses sans heurts,

Parfois le fluide universel prête sa forme aux
passeurs de soleil,

Qui me parlent la langue muette de l'éternelle
veille,

Je laisse l'osmose céleste lentement
m'envelopper,

Je me sens enrubannée de cette ouate dorée
soulevée vers les immenses majestés,

Sais-tu que la véritable lecture est celle de
l'âme,

Que les sens sont nos passerelles vers les vaisseaux sans rames,

Pénètre-toi des visions de tes frères, ressens l'onde de l'éternelle lumière,

Mais toi seul peux retrouver les fleuves de cristal au fond du ravin,

Nourris-toi de leur perception mais n'oublies pas la magie de ton propre chemin,

Souviens-toi que l'ombre parcourt nos vies comme le souvenir du plus profond mystère,

Il est cet instant innommable ou l'esprit entend l'écho du divin,

Cette seconde perdue dans le vague ou l'ange se souvient,

Ou tout se tait alentour, ou l'espace s'emplit d'amour, de la communion des destins,

Cet instant ou les passagers du temps prennent conscience des vertiges du dernier matin,

Et comme dans un conte, les images se figent au fil des pages sans lendemain,

Les passants s'arrêtent et lèvent les yeux vers l'œil immense du magicien,

Qui préfère la fuite de ses pas à la croissance de l'au delà ?

Comment être croyant sans se sentir traverser par les flots des airs et des glas,

Je n'ai pas d'habit, je n'ai pas de voix ni la grâce du geste,

Je suis le nuage dérivant, la pensée preste,

Je suis la parole silencieuse de l'instinct pur, de l'âme sans armure,

Je suis aux vivants le miroir sans fêlure, je suis aux cieux le souffle de ton murmure .

Tant de déserts

Parfois tant de déserts me traversent,

Parfois tant d'océans en furie s'échappent de
ces abysses invisibles,

Je ne suis plus qu'une statue de sable qu'un
souffle échappé des dunes bouleverse,

De sa fougue et de la puissance de ses spasmes
à peine intelligibles,

Quel est ce vent qui creuse les tranchées qui
m'écartent de vos mondes,

Et ouvre devant moi le sillage des lunes aux
courbes blondes,

Fruit trop mure tombé des cieux ou perle
d'espoir éclose des pleurs des dieux,

Aucun de vos sillons n'étouffera jamais
l'esprit fiévreux,

Un jour j'ai envie de m'emplir de ce vide,

Et l'autre d'effacer de ma vue ces visions
indélébiles,

Mais jamais aucune liqueur n'étanche ma soif
de cet imperceptible ailleurs,

Et chaque crépuscule fait de moi la muse d'un
autre prestidigitateur,

Ne vois-tu pas au delà de ces mornes ruelles,

L'azur se ciselait dans ces flocons de dentelle,

Ne sens-tu pas l'appel des sommets les plus
purs,

Au gré de tes émotions, au gré de la perception
que le soleil épure,

Je n'ai plus d'identité, de toutes les patries me
voila exilée,

Suspendue au battement de cil des radieuses
majestés,

Je marche en équilibre sur l'écume des mers
étoilées,

Souveraine de ma propre destinée, je
m'octroie le droit de régner au delà de
l'horizon balayé,

Je m'égard dans des forets enveloppées de
blizzard,

Je perds la vue au fond de ton regard,

Ici tout me semble étrange et familier, comme

un quai jamais vraiment quitté,

Comme l'écoulement hypnotique et lent du
    sablier,

Toi ma conscience trop longtemps refoulée, toi
    ma ténébreuse prêtresse,

Tu dégages de ma vue ces spectres mourants
    pour me révéler la pureté de ta liés,

Tu éveilles les royaumes assoupis de mon
    cœur à ton mystérieux tâtonnement,

Tu m'invites à la folie de tes transes et à
    l'interminable voyage des anges
    errants.

Temple de l'univers

Temple de l'univers,

Immaculée roseraie de nos airs,

Fleurs invisibles dont les pollens nous parfument,

Dans les jardins de nuages et des éternelles dunes,

Lacs de nos âmes ou s'emprisonnent les océans de ciel,

Statuts de nos êtres figés dans la solitude existentielle,

Au milieu des colonnes de fleurs,

Et l'éblouissement des lointaines vapeurs,

Sens-tu la paix du naufragé des lumières,

Noyé qui s'abandonne aux tourbillons de l'éther,

Oubliant les trahisons de la chair pour la perte dans les flots du mystère,

Ouvrant ses veines aux apnées sans frontière,

Sous le soleil du déconstruire,

Et si renaitre était mourir,

Dans l'étrangeté du souvenir,

Et les transcendances de nos délires,

Nos corps s'étirent dans la nuit,

S'allongeant comme les ponts nous reliant à l'infini,

Aimantés par les réalités flagrantes à nos yeux de vivants,

Brulant les décors des mondes mourants,

Au delà de tout rempart, au delà des murs illusoires,

Les vibrations des étoiles nous soulèvent du règne animal,

Nous traversant au delà de la mort, nous ancrant au soleil de cristal,

Vivants et morts tous unis dans la folle guirlande de nos mémoires .

Tout ce qui m'échappe

Laisse-couler ta vie le long des ruisseaux
tranquilles,

Laisse le soleil dorer ta peau comme les
écailles du reptile,

Traverse l'ivresse des foules sans visage,

Perds-toi au bout de ces jours sans rivage,

Rejoins au fond des nuits solaires l'écume des
mystiques sillages,

Personne ne peut suivre l'ombre de ton
invisible mirage,

Tu es le sable qui glisse entre les mains de
celui qui veut le retenir,

Tu es l'haleine du temps noyé dans le souffle
du zéphyr,

Tout ce qui m'échappe soulève en moi le
trouble mystérieux du souvenir des dieux,

La beauté dans la fuite, dans l'insaisissable,
l'inaudible accord mélodieux,

Pour encore une fois toucher du doigt ce qui
n'existe pas, ce qui peut être reviendra,

Comme le retour au berceau de l'univers, à la magie de la première fois,

C'est toi qui cries au fond de moi et me déchires de la puissance de ton aura,

Tu me parles comme à celui qui à jamais t'appartiendra,

Je suis de ta chair, je suis de ton sang, je suis de ton ciel,

As-tu jamais été homme, as-tu jamais été dieu toi l'aurore de ma prunelle,

Il est des sommeils dont tant ne se réveillent pas,

Il est des communions qui ne se racontent pas,

Mais je sais en chacun de nous la paix des royaumes ineffables,

Qu'au fond de nos inconsciences, l'instinct millénaire soulève des océans de sable,

Et de ces langages sans paroles et de ces langages sans symboles,

De ton géant silence jaillit le soleil de tes corolles,

Et nous les passagers de ces sphères entendons
au creux des ombres les échos d'hier,

Et nous apercevons dans les forets de nos nuits
l'achèvement de nos ères,

Sais-tu enfin que le jour de nos vies est
invisible,

Que nous ne sommes qu'à la mort de nos
existences inextinguibles,

Quand viendra l'heure de l'éveil au frisson des
corps invincibles,

Quand tremperas-tu ta main à travers l'espace
dans les ondes de l'imperceptible.

Transparence

Si la foule de nos visages cachait une autre
identité,

Si derrière la solitude de nos corps nous étions
la mer unifiée,

La créature est la projection des reflets
invisibles,

Prise au piège du manège des étoiles, des
courants invincibles,

Nous ne savons rien de nous-mêmes réduisant
les horizons et les folles vérités,

Creusant les souterrains de nos consciences au
lieu de nous envoler,

Nous enfonçant dans les sillons de nos vies
jusqu'à nous étouffer,

Quand prendrons-nous de la hauteur et
comprendrons-nous les espaces éthérés,

Du haut de quelles immenses échelles,

Epouserons-nous les desseins éternels,

Quand cesseront dans la nuit nos rondes vaines,

Ou commencent ou finissent les rives de l'éden,

Quelle autre réalité efface l'ombre des hommes,

Et traverse nos âmes des rayons de l'aurore,

Nous transformant, nous déguisant de nos corps,

Limitant nos rêves et nos sens que jamais rien n'étonnent,

Comme si les flots de l'océan s'endormaient sous la terre,

Comme si le souffle du vent agonisait dans la pierre,

Les cascades du mystère effacent sous leurs rideaux les ailes de l'ange,

Nous enveloppant du poids de la matière dans un ténébreux mélange,

Les lois supérieures et transparentes à nos yeux gouvernent toute chose,

Les hommes comme les éléments, les autres créatures des globes errants,

L'invisible pénètre le visible et le caresse de son fluide de diamant,

Dans la promesse de la coïncidence éternelle de la conscience éclose.

Univers

Peux-tu imaginer les milliards de galaxies qui
dansent dans l'univers,

Et un espace sans limite ou s'effacent nos
guerres,

Des mondes sans forme et sans silhouette
humaine,

Ou nous progresserons demain nés d'un
nouveau baptême,

Nous sommes les fantômes de nos âmes
enterrées vivantes,

Nous croyons exister dans nos frénésies
aveuglantes,

Comme des peuples anciens pétrifiés dans la
mort,

Lourdes statuts de marbre ignorantes de leur
sort,

Consumons nos chandelles à éclairer l'ombre
mouvante,

Retrouvons les desseins des visions
transcendantes,

Nous sommes les insectes aux pieds de
l'immense falaise,

Les somnambules de nos vies étouffées dans la
glaise,

Etrange race du dôme étoilé impuissante
captive,

Inversant les miroirs de l'âme et bâillonnant
les prodiges de tes sens,

Qu'as-tu fais du seigneur et de ses églises au
fond de tes dérives,

Tu as peu à peu déformé son nom et altéré nos
consciences,

Otons nos carapaces et les remparts de nos
chimères,

Effaçons toutes constructions humaines de la
terre,

Souvenons nous que nous sommes aussi nus
que l'univers,

Qu'à l'ombre de nos décors dort la vérité
première,

Dieu est transe et élévation, c'est la danse qui
te fait rejoindre l'horizon,

C'est le mouvement de ton âme qui te projette vers les constellations,

C'est le sentiment étrange et fascinant du silence,

L'avant gout de nos prochaines naissances.

Vibrance

Toutes les époques se mélangent dans l'espace
universel,

La ou le temps n'a plus aucune signification
sensorielle,

La ou la chair est étrangère à l'éternel,

Et l'oxygène ne fait que broder le ciel de sa
dentelle,

Au travers des nues sans rivages,

Traverse les échelles des royaumes sans âge,

Les scribes célestes me dictent les mots
d'immanence,

Le flot des morts m'ensorcèlent des
nébuleuses vibrances,

Qui est dans le faux, qui se pare de vérité,

La force du savoir palpite sous l'ombre de tes
territoires,

Ton âme n'est qu'un ange qui demande à se

mouvoir,

Et te supplie de le contempler dans les reflets
du miroir,

Tout est déformation dans la grandiose
conception,

Comme dans les méandres de la perception,

Ensoleillons-nous les plaines de l'imagination,

Ou nous prenons nous dans les voiles de la
création,

Tu es cet élan plus fort que moi,

Tu es cette passion qui danse au fond de moi,

Je te laisse prendre possession de mon aura,

Et de ces espaces interdits à mes pas,

Du commencement à la fin,

Sens-tu la vague du destin,

T'emporter plus haut que les mortels écrins,

Te soulever des mers du chagrin,

Vers les chatoiements de notre couchant,

Vers la pureté d'un autre levant,

Courir au plus profond de l'abime,

Sourire à la mort qui d'un souffle te redessine.

Vois

Quand comprendras-tu ce qui fait ton essence,

Et la promesse de nos prochaines aisances,

Tu n'es pas de chair ni de sang, ni des races
humaines,

Tu es d'une autre espèce, d'une nature plus
lointaine,

Tu n'appartiens pas à ce règne ni à ces routes
vaines,

Tu es le souffle du vent étouffé par un corps,

L'haleine des espaces que nos êtres ne
comprennent,

Asphyxiée par la pesanteur de nos vies sans
trésors,

Ou est la croyance quand les astres éclairent la
réalité,

Que les murs de nos terrestres horizons
s'effondrent,

Et les champs invisibles dévoilent leurs
secrets,

La ou se poursuivent les dessins de nos
ombres,

Est-ce se griser d'idéal que deviner nos
transcendances,

Quand nos êtres se seront échappés du gouffre
de la matière,

Source du mal et de toutes nos souffrances,

Cage de nos âmes et brisure de nos chairs,

Je ne te parle pas d'un rêve,

Mais juste d'une continuation à la mesure de
notre sève,

Du retour progressif de nos êtres à leur
environnement naturel,

Des lieux que nul n'imagine mais où nous
glissons sans ailes,

Si de nos temps terrestres nous nous dégagions
de nos entraves,

La poursuite du courant serait tellement plus
aisée,

En allégeant nos âmes des désirs vains et
limités,

Qui ralentissent les cycles de leur étrave,

Ouvrons nos consciences plus loin que les
globes éclairés,

Et regardons de l'œil de l'âme perler au fond
de la nuit les âmes enneigées,

Je n'espère pas d'autres royaumes, je ne fais
que regarder,

Nos êtres glissant au fond du silence
d'éternité.

Volière

Sur quelle étrange volière as-tu refermé les
portes de l'univers,

Sur quel perchoir mon âme se balance dans les
frissons de l'éther,

Sur les géants trapèzes des astres, je marche
comme sur le fil du funambule,

Je nage dans les eaux bleues d'un océan dont
les rivages toujours reculent,

Quels sont les barreaux de nos cages, quelles
sont les serrures de nos mirages,

Sais-tu qu'il n'y a qu'un pas du jour à la nuit,
de la vie à la mort,

Même l'oiseau au vol sans limite ne peut
déployer ses ailes au delà des nuages,

Du dôme des cieux lui aussi est-il l'ange
prisonnier du décor,

Ses vertiges ailés ne raniment-elles pas la

flemme du divin,

Les trainées des étoiles n'éclairent-elles pas les flamboiements du dernier chemin,

Sous cet arc de feu ne sommes nous pas tous les enfants du même dieu,

Notre flambeau soleil, notre pale lune sont nos guides en ces temps ombrageux,

Nous sommes les particules d'un de tes mondes,

Nous sommes les graines semées aux quatre vents de ta nature profonde,

Comment concevoir l'inimaginable, comment penser de notre temps terrestre les incommensurables territoires de tes dunes blondes,

Comme il est rassurant de rêver des illusions de nos sphères, de peindre à notre image l'éternel visage de la patrie des ondes,

Les seuls barrages sont ceux de nos esprits pétris des chants d'hier,

L'unique écluse est la pensée retenue dans les marasmes de l'illusoire prière,

Pourras-tu un jour au delà des bancs de sable,

des orbites asséchées, faire ma connaissance,

Pourras-tu faire de la clé du ressenti tout l'or
de ma science,

Ma seule entrave est celle de la chair, ma seule
blessure a jailli de la terre,

Il est si grand de devenir, il est si flagrant de se
souvenir comme de la symphonie des siècles à
prédire,

Es-tu la pythie revenue des vies antiques, es-tu
l'aura des ères mystiques,

Peu m'importe qui tu es, qui tu seras, qui tu as
été, tu es du rayon le vivant transit,

Comme si tu avais percé du silence le secret de
l'univers,

Comme si de ta profonde innocence tu avais
engendré l'humanité entière,

Tu es mélange, tu es losange, distorsion et
perception,

Tu ne sais rien et pourtant tu connais tout,
comme la fulgurance des êtres et la
transcendance de nos épileptiques dimensions.

Les halos de nos vie

Les halos de nos vies irradient comme des
vierges pales,
Les brumes de la nuit prennent la couleur de
ton sang royal,
Nous implorons ton retour comme d'impures
vestales,
Nous sommes la mort mêlée   aux sortilèges de
tes pétales,

Qui est cierge et qui est Dieu,
Qui sait l'énigme du sort et la béatitude des
bienheureux,
Est-tu le prophète égaré parmi eux,
Est tu la larme de lumière dégoulinée des
cieux,

Je ne sais rien mais je respire ton encens
descendu des soleils mouvants,
Je suis un de tes cils pensants et de ton règne
le délit flagrant,
Comme je pressens hier me souviendrai-je
d'avant,
De ces ombres en morcellement et de l'originel
émerveillement,

Je ne suis que de ton royaume le spectre
évanouissant,
De quelle région et de quel soleil couchant,

Suis-je le voile du crépuscule ou un rayon du levant,
Mais je sais que des dérives de l'esprit renaît toujours le jour savant,

Les cités fantômes de l'espace emplissent nos soupirs,
Les serpents des savanes spirituelles nous ensorcellent de leur désir,
Comme vouloir vivre quand il est si bon de mourir,
Allons déverrouille la porte des vibrations et des symphonies à venir,

Embrume toujours,brouille encore ton vertige humain,
Dans l'interstice, dans l'infime parcelle dégagée, tu déchiffreras le manuscrit divin,
De quoi avoir peur quand nos vies sont les jouets de l'enchanteur,
De quoi rêver que des cascades de lunes qui éclairent os vies de leurs folles lueurs,

Comme le monde lavé de ses péchés,comme le vice enfin nettoyé,
Mon âme s'élèvera de sa couche funèbre vers les royaumes sans regrets,
La ou la fuite porte le nom de liberté,
La ou l'esprit retrouve enfin son entière

humanité.

Edition : Books on Demand,
12/14 rond-Point des Champs-Elysées, 75008 Paris
Impression : BoD - Books on Demand, Norderstedt, Allemagne
ISBN : 9782322164158
Dépôt légal : Octobre 2018